AF463886

19 mars 1827

NOTICE

D'OBJETS D'ARTS ET DE CURIOSITÉS

EN TOUS GENRES.

Ivoires sculptés, Coraux, Bois scupltés, Laques de Chine et du Japon, Bustes en marbre, Porphyre oriental, Cristaux de roche, Agathes, Jades, Terres cuites de Claudion et autres, Terres émaillées de Bernard Palissy, Faïence de Faenza, Porcelaines de Sèvres, de Saxe et de Chine, anciens Vitreaux d'église, Émaux de Limoges, Bronzes anciens, Bronzes dorés, Pendules, Médailles, Armes, Meubles en marqueterie de Boule et autres, Manuscrits du 15e siècle, Miniatures, Tableaux, etc.;

DONT LA VENTE

PAR CESSATION DE COMMERCE DE Mlle DELAUNAY,

Marchande de Curiosités, ci-devant quai Malaquais, N° 7,

SE FERA RUE SAINT-GERMAIN-DES-PRÉS N° 4,

FAUBOURG St-GERMAIN, PRÈS LA POSTE AUX CHEVAUX,

Le 19 Mars 1827, et jours suivans, à midi précis et six heures de relevée.

Il y aura exposition les 17 et 18 Mars, de midi à quatre heures.

LA NOTICE SE DISTRIBUE :

Chez MM. { BONNEFONS DE LA VIALLE, rue St-Marc, n° 14.
ROUSSEL, rue de Seine St-Germain, n° 4.

1827.

NOTICE

DES

CURIOSITÉS, BRONZES, MARBRES, MEUBLES, ETC.

IVOIRE SCULPTÉ.

1. Une croix, composée de 29 petits bas-reliefs gothiques, représentant divers sujets de la passion.
   Hauteur, 25 pouces; largeur, 10 pouces.
2. Bas-relief provenant d'un diptyque gothique.
3. Un diptyque à deux tablettes, dont les sujets sculptés en relief sont d'un beau travail.
4. Un autre très-beau diptyque à deux tablettes, dont les bas-reliefs sont très-fins.
5. Un grand coffre composé de 22 bas-relifs et ornemens, d'un travail ancien.
6. Un bas-relief ancien, dans un cadre en ébène.
   Hauteur, 5 pouces; longueur, 9 pouces.
7. Un autre bas-relief, représentant l'adoration des Mages, dans un cadre noir.
8. Deux petits personnages à cheval, un roi et son écuyer, sur socle en bois.
9. Une poire à poudre.
10. Une petite poivrière ancienne.
11. Deux figures représentant deux apôtres.

12. Une autre figure représentant St.-François.

13. Un enfant couché sur un socle en bronze doré.

13 *bis*. Un groupe de deux enfans, servant de manche à un couteau.

14. Un socle de forme cylindrique, avec bas-relief, représentant une bacchanale; monture en bronze doré. Hauteur, 9 pouces; diamètre, 7 pouces.

15. Autres socles de même forme; les bas-reliefs représentent des combats. Montures en bronze doré. Hauteur, 6 pouces.

16. Un socle semblable aux précédens. Le bas-relief représente la chasse au lion. Hauteur, 5 pouces.

17. Un bas-relief, bacchanale, par F. Flamand, bordure en bois doré.

18. Un autre bas-relief, par F. Flamand, représentant une femme trayant une chèvre retenue par deux enfans.

19. Un très-beau bas-relief, par le même; syrènes, chevaux marins, etc.

20. Bas-relief, portrait du pape Innocent XII.

21. Deux bas-reliefs; sujets de sainteté. Bordures en ivoire.

22. Un autre bas-relief, la Vierge et l'Enfant Jésus.

22 *bis*. Six Christ de diverses grandeurs; sur croix noires.

23. Une petite figure, la Vierge portant l'Enfant Jésus.

24. Une autre Vierge couronnée et l'Enfant Jésus. Hauteur, 8 pouces.

25. Une autre Vierge et Enfant Jésus.

26. Un bénitier sculpté à jour, avec bas-relief, l'Annonciation.
Hauteur, 6 pouces ; largeur, 3 pouces.

27. Un autre bénitier semblable, avec Christ, garni en argent.

28. Un autre bénitier du même genre.

29. Un bas-relief, forme de médaillon, Louis XIV foulant aux pieds une figure allégorique.

30. Un joli groupe de deux enfans jouant au colin maillard.

31. Une petite figure indienne, dont la tête est mobile.

32. Un petit coffre, dont les panneaux sont chargés d'ornemens sculptés en relief, garni en cuivre doré.

33. Une grande boîte de l'Inde pour nécessaire ; le couvercle, les côtés et l'intérieur sont chargés d'ornemens et paysage dessinés en noir.

34. Deux très-belles boîtes à thé, chinoises, ornées chacune de 12 petits bas-reliefs, entourés de deux rangées d'ornemens travaillés à jour. Ces deux boîtes, dont les couvercles sont surmontés de chimères, sont placées sur de petits socles en bois de fer, et ont leurs boîtes de voyage.

35. Un coffret renfermant deux boîtes à thé, recouvertes d'ornemens en relief.

36. Une corbeille chinoise, travaillée à jour, avec fleurs en relief, dont quelques parties sont colorées.

37. Un plateau chinois à huit pans, la galerie en ivoire sculptée ; le fond en écaille noire.

38. Environ six rapes à tabac, avec bas-reliefs en ivoire sculptés. (Seront vendues sous le n° .)

38 *bis*. Deux vases forme Médicis, travaillés à jour.

CORNE.

39. Une coupe chinoise en corne de rhinocéros, en partie transparente, fleurs en relief; sur socle en bois de fer travaillé à jour.

40. Une autre coupe unie, en corne de rhinocéros.

NACRE.

41. Deux nautiles nacrés, disposés en forme de vases et chargés d'ornemens sculptés.

42. Deux autres nautiles semblables.

43. Une petite poire à poudre, formée par une coquille du genre cône; elle est garnie en argent.

44. Une autre poire à poudre, en nacre de perle, garnie en argent.

45. Un petit flacon chinois, imitant un fruit, en nacre de perle d'une très-belle qualité. Il est dans une boîte d'étoffe mandarine.

FRUIT.

46. Une petite coloquinte, avec sujets de sainteté, gravés à la surface; elle est montée en argent.

CORAIL.

47. Une branche de corail naturel; dans une cage de verre.

48. Une autre branche de corail; sur socle, en bronze doré, enrichi de pierres et de perles fines.

49. Parure de femme sauvage.

50. Un masque antique.

BOIS SCULPTÉ.

51. Une croix gothique, avec bas-reliefs, dans un reliquaire en bois peint.

52. Petit bas-relief gothique, d'un travail très-fin; dans une châsse en cristal de roche, montée en argent.

53. Un bas-relief représentant l'adoration des Mages.

54. La Vierge portant l'Enfant Jésus.
Hauteur, 14 pouces.

55. Douze petites statues, sculptées en bois de poirier, représentant les douze apôtres.

56. Six autres petites figures.

57. Une gaine de couteau en bois sculpté. Ouvrage ancien.

58. Une poire à poudre, avec bas-relief.

59. Une poivrière. Travail ancien.

60. Une tabatière autour de laquelle sont sculptés les douze apôtres.

61. Deux peignes en bois, sculptés.

62. Un joli coffre en ébène, garni de groupes et figures sculptées.

62 *bis*. Deux petits chandeliers anciens, avec ornemens en relief.

63. Cinq petits pilastres avec bas-reliefs, représentant des attributs pontificaux.

64. Une cuillère ancienne, en bois, le manche est sculpté.

65. Un couteau et une fourchette en fer, les manches formés par des groupes de figures en bois, sculptées.

66. Deux petits tabourets chinois, travaillés à jour.

67. Une petite fleur chinoise, avec crâpo, sculptée à jour, dans du bambou.

LAQUES DE CHINE ET DU JAPON.

68. Pavillon et maison chinoise, sur leur plateau en laque.

69. Un très-bel instrument chinois, en laque du Japon, au dragon à cinq griffes. Il est garni de ses chevalets en ivoire. C'est un présent de l'empereur Kien-Long au R. P. Amyot.

70. Un cabinet à deux vantaux et tiroirs, fond noir, paysages et personnages en burgau.
Hauteur, 14 pouces.

71. Un coffre fond noir et or; une porte à coulisse, sur le côté cache un tiroir.

72. Un coffret fond noir et or, garni en argent; le couvercle est cintré.

73. Un petit coffret laque noir, paysage en burgau.

74. Un autre coffre, laque Coromandel.

75. Une boîte à thé, à deux flacons, laqués sur étain.

76. Une autre boîte à thé, à six flacons.

77. Une très-belle boîte rectangulaire, à deux étages, laque fond noir, les ornemens en or plein, représentent des éventails chargés de branchages et de petits chevaux en or jaune et bronzé.

78. Une très-belle tabatière, laque fond or de couleur, ornemens en relief. Montée en or.

79. Une boîte carrée, à trois étages, fond avanturine, ornemens en or.

80. Une grande boîte à thé, avec incrustation en burgau.

81. Une boîte fond noir, à dragon.

82. Une boîte à jour, garnie d'un tiroir et d'un plateau, ornemens d'or et avanturine.

83. Une très-jolie boîte à six pans, à angles rentrans, garnie de son plateau et de six petites boîtes imitant des fruits en laque bronzé très-fin.

84. Une grande boîte fond noir, avec paysage d'or en relief; à l'intérieur est un jeu de trictrac.

85. Une boîte, forme de deux losanges entrelacées, fond noir et or.

86. Une boîte fond avanturine, chargée de tiges de bambou, l'intérieur rouge unie. Cette boîte, dont le laque est très-fin, est montée en argent doré.

87. Une boîte forme de fleur, en laque usé.

88. Petite boîte fond noir; sur le couvercle est un coq et des branches de bambou en or.

89. Une boîte à deux étages, fond noir.

90. Une boîte carrée, laque noir.

91. Deux petites boîtes, laque avanturine.

92. Une boîte ronde à trois étages, laque noir.

93. Une écritoire en laque noir, ornemens d'or en relief, garnie en bronze doré.

94. Un encrier chinois dans sa boîte, en laque noir.

95. Une écritoire en laque noir.
Hauteur, 5 pouces; longueur, 12 pouc. sur 8 1/2.

96. Un porte-feu japonnais, en chagrin bleuâtre et laque noir, garni de deux vases en métal, d'une pipe émaillée et de trois tiroirs en laque rouge.

97. Deux très-beaux porte-objets en laque usé, de la plus belle qualité.
Hauteur, 8 pouces.

98. Un plateau en laque noir, chargé d'ornemens en or, et garni de bronze doré.

99. Deux petits plateaux en laque, l'un aventurine et l'autre noir incrusté de burgau.

100. Cinq petits panneaux fond noir.

101. Trois petits panneaux en laque noir et or.

102. Deux panneaux en laque noir.

103. Un bol et son couvercle, en laque rouge à filets noirs.

104. Un vase en laque noir.

105. Un pot-pourri, laque rouge uni; la monture est en bronze doré.

106. Environ vingt tasses et leurs soucoupes, en laque noir et or en relief.

107. Un bol en laque rouge.

108. Un petit vase à parfums, en laque usé; l'intérieur garni en métal.

109. Un œuf formant boîte, vernis de Martin, fond d'or.

110. Une boîte carrée, vernis de Martin.

111. Une autre boîte semblable.

MARBRES SCULPTÉS ET AUTRES.

112. Un buste antique en marbre blanc.
Hauteur, 16 pouces.

113. Un tombeau antique avec bas-relief, en marbre blanc.

114. Cinq bas-reliefs, trophées d'armes, en marbre noir; du temps de Henri II.

115. Une paire de brassards sculptés en marbre blanc; fragment de tombeau.

116. Un bas-relief en marbre blanc, armoiries.

117. Un buste de Henri IV, en marbre blanc.
Hauteur, 28 pouces.

118. Un buste d'Homère, en marbre blanc.
Hauteur, 22 pouces.

119. Un buste de Socrate, en marbre blanc.
Hauteur, 20 pouces.

120. Buste de Sénèque, en marbre blanc.
Hauteur, 20 pouces.

121. Neuf petits masques en marbre rouge et jaune, antiques.

122. Une statue en marbre blanc, la Vénus accroupie, de grandeur naturelle.

123. Groupe de deux têtes, le baiser d'Houdon, en marbre blanc.
Hauteur, 18 pouces.

124. Deux vases forme Médicis, en marbre blanc. Ils sont enrichis d'ornemens sculptés en relief et garnis en bronze doré.
Hauteur, 20 pouces; diamètre, 15 pouces.

125. Un petit vase forme d'urne, en rouge antique.

126. Un grand vase avec couvercle, en marbre Lumachelle, sur socle en marbre blanc.

127. Deux beaux cippes en marbre noir grand antique, sur tores en bronze doré.
Hauteur, 2 pieds; diamètre, 6 pouces.

128. Deux autres cippes en marbre noir, grand antique, sur tores en bronze doré.
Hauteur, 20 pouces 1/2; diamètre, 4 pouces 3 lig.

129. Deux cippes en jaune de Sienne.
Hauteur, 18 pouces, diamètre, 4 pouces.

130. Un cippe en marbre Lumachelle, sur tore en bronze doré.

131. Quatre petites consoles sculptées en marbre blanc.

132. Une tablette de guéridou, en marbre Lumachelle, fond noir, à coquilles blanches.

PORPHYRE ORIENTAL ET GRANITE.

133. Un masque antique, en porphyre oriental.

134. Une pendule de forme carrée, en porphyre rouge oriental, garnie de bronze doré.
Hauteur, 20 pouces; largeur, 18 pouces.

135. Deux socles carrés, en porphyre rouge oriental, garnis de bronze doré, servant d'accompagnement à la pendule ci-dessus.
Hauteur, 8 pouces 1/2; largeur, 7 pouces 1/2.

136. Deux cippes en porphyre rouge oriental, garnis en bronze doré.
Hauteur, 2 pouces 1/2; diamètre, 8 pouces.

137. Un très-beau piedouche en porphyre rouge oriental.

138. Un serre-papier, en porphyre rouge oriental, surmonté d'un coq en bronze, doré.

139. Deux vases en granite rose oriental, garnis en bronze doré.
Hauteur, 12 pouces.

140. — Un socle carré, en granitelle, garni en bronze doré.

MOSAIQUES.

141. Une belle mosaïque antique, faisant dessus de table; elle est entourée en rouge antique. Longueur, 34 pouces sur 21.

142. Une autre mosaïque antique, avec bordure en jaune de Sienne.

143. Mosaïque antique, sur fond de marbre noir.

144. Une mosaïque, paysage et bordure en lapis, sur marbre noir. Ouvrage de Florence.

145. Quatre mosaïques en pierres de rapport, représentant des oiseaux.

146. Une mosaïque en pierres dures.

CRISTAUX DE ROCHE TRAVAILLÉS.

147. Un très-beau sucrier, avec son couvercle. Hauteur, 6 pouces; diamètre, 4 pouces.

148. Un joli gobelet, avec couvercle et plateau.

149. Un pot au lait gravé; l'anse garnie en argent doré.

150. Quatre beaux flacons en cristal de roche, d'une grande pureté.

151. Deux petits flacons, montés en bronze doré.

152. Un petit seau, gravé, garni d'une anse en argent doré.

153. Une bouteille, forme de buire, gravée garnie en or émaillé.

154. Une croix en cristal de roche très-limpide.

155. Un Christ gravé en creux dans une masse forme d'amande, en cristal de roche, dans un cadre enrichi de jaspe fleuri.

AGATHES ET JASPES.

156. Deux petites boîtes à odeur, en cornaline, montées en argent doré.

157. Une coupe ovale à côtes, en agathe grisâtre, garnie en argent doré.

158. Une autre coupe ronde, en agathe rougeâtre, placée sur une branche, avec feuillages en argent.

159. Six petits manches de couteaux, en jaspe jaune.

160. Couteau et fourchettes dont les manches sont en jaspe sanguin; les viroles en fer damasquiné d'argent.

161. Un flambeau d'église, en jaspe jaune, garni en bronze doré.
Hauteur, 10 pouces.

152. Un grand coffre en jaspe-brêche jaune, de Sicile, garni en cuivre doré.
Largeur, 12 pouces; longueur, 8 1/2; hauteur, 5 pouces.

JADE.

163. Une très-belle plaque de ceinture chinoise, en jade blanc; elle est travaillée à jour sur deux plans de dessins différens.

164. Garniture de ceinture chinoise, en jade blanc, composée de la boucle, l'anneau et le gland.

165. Un talisman arabe, en jade vert.

LAPIS.

166. Un petit cippe en lapis lazuli, d'un beau bleu. Hauteur, 27 lignes; diamètre, 15 lignes.

166. Une tabatière ronde en lapis, avec mosaïque très-fine.

MATIÈRES DIVERSES.

168. Une tabatière en lumachelle flamboyante, la cuvette prise dans la masse.

169. Une plaque ovale en prisme d'améthyste, sur laquelle est peinte une Vierge.

170 Deux petits ornemens chinois, représentant l'un le fruit de Foë, l'autre une feuille sur laquelle est un petit écureuil, en malachite œillée, de la plus belle qualité; ces deux objets ont leurs pieds en bois de fer travaillé à jour.

171. Environ quinze tabatières en lave, agathe et autres matières seront vendues sous ce numéro.

PIERRES DE LARD, ETC.

17 . Un grand magot et enfant en peirre de lard, sur le même socle, de même matière.

173. Deux magots faisant pendans, sur socle, en même matière.

174. Autre magot tenant un fruit.

175. Deux chimères faisant pendans, en pierre de lard rouge, sur socle en marbre blanc,

176. Une coupe chinoise, en pierre de lard rouge.

177. Une très-belle théière en pierre de lard jaunâtre; son anse prise dans la masse figure deux branches de bambou croisées; sur ses côtés sont des personnages en relief.

178. Un petit plateau à six pans, en pierre de lard grise; sur son fond est gravé un dragon, et sur les côtés intérieurs sont sculptés en relief de petites figures et animaux.

179. Un pi-tong en pierre de lard blanche, avec fleurs sculptées en relief.

180. Un vase chinois en pierre de lard rougeâtre, avec fleur en relief au pourtour.

181. Un coffret en pierre de lard blanche, travaillé à jour.

182. Six panneaux de meubles chinois, chargés de bas-reliefs, en pierre de lard.

183. Environ douze petits tableaux sur marbre de Chine; les cadres en bois de fer.

184. Une coupe carrée à deux anses, avec dessins symboliques en relief, en pâte de riz, à l'imitation du jade.

185. Quatre petits flacons chinois, en même matière, de différentes couleurs.

186. Deux autres flacons, forme de gourdes, avec fleurs en relief, en émail bleu, rose et vert.

TERRE CUITE.

187. Un modèle de pendule, la marchande d'amours; par Claudion.

188. Un très-beau socle, entouré de six bacchantes; de Claudion.

189. Groupe d'amours et femme; terre cuite, ébauche de Claudion.

190. Deux vases avec bas-reliefs; de Claudion.

191. Deux petits enfans couchés.

192. Jean-Jacques Rousseau assis.

193. Un vase avec bas-relief, de Claudion.

194. Deux bas-reliefs, béliers et chèvres, faisant pendans, dans leurs cadres en bois doré.

195. Un autre bas relief, de Claudion.

196. Un vase à deux anses, formées par des serpens; terre cuite, de Sigisbert.

TERRE ARGILLEUSE DE CHINE.

197. Une grande Chinoise; la tête mobile.
Hauteur, 4 pieds 3 pouces.

198. Une petite Chinoise, dont l'habillement est en soie.

199. Deux figures homme et femme, habillement en soie.

200. Un Chinois à tête mobile.

BOCCARO.

201. Une très-grande théière à six pans et à double fond; les ornemens à jour.

202 — Environ dix théières de diverses formes, seront vendues sous ce numéro.

203. — Une bouteille dite *gargoulette* de Surinam, avec son plateau.

204. *Etrusque.* Environ quinze vases étrusques, de diverses grandeurs, seront vendus sous ce numéro.

TERRE ÉMAILLÉE DE B. PALISSI ET FAYENCE DE FAENZA.

205 *Palissy.* Une petite figure assise, représentant une nourrice.
Hauteur, 9 pouces.

206. — Une autre figure debout, représentant un joueur de vielle.
Hauteur, 13 pouces.

207. — Un petit bas-relief, portrait d'homme, dont le bras, entièrement en avant, tient un verre à la main.

208. — Un grand plat oval, dont l'intérieur représente en relief des poissons, des grenouilles, des écrevisses et des coquillages.

209. — Un autre grand plat, semblable au précédent.

210. — Un autre grand plat oval, dont l'intérieur représente en relief, au milieu, une anguille entourée de poissons, de lézards, feuillages et coquillages,

211. — Un petit plat oval, à grenouilles et anguilles.

212. — Deux plats ovals, sujets en relief. La jardinière.

213. — Un plat représentant le baptême de saint Jean.

214. — Un autre plat représentant la Cène.

215. — Un plat oval, représentant une femme couchée, entourée d'enfans.

216. — Un autre plat oval, représentant la moisson.

217. — Autre plat avec sujet en relief.

218. — Un plat rond à côtes.

219. — Plat oval. Jupiter sur un aigle tenant la foudre.

220. *Faenza.* Une bouteille faïence de Faenza, sur laquelle sont représentées des syrènes.

221. — Une autre bouteille déprimée, faïence ancienne, garnie en argent.

222. — Environ quinze plats et assiettes, sur lesquels sont représentés différens sujets.

223. — Deux anciens vases, forme de buire, à dessins en relief.

224. — Un plat rond ancien, orné à l'intérieur de masques et fleurs-de-lis en relief.

225. — Une grande bouteille à panse applatie, en ancien grès de Flandres, émaillée de bleu et ornement en relief, portant la date de 1603, monture en bronze doré.

PORCELAINE DE SÈVRES.

226. — Deux vases fond bleu, à cartel de fleurs et fruits, entourés d'émaux; la monture en bronze doré.
Hauteur, 13 pouces et demie.

227. — Deux vases bleus, imitation de lapis, montés en bronze doré.
Hauteur, 18 pouces.

228. — Deux vases fond vert, ornemens de fleurs et or, garnis en bronze doré.

229. — Deux autres vases fonds bleus; ornemens dorés
Hauteur, 9 pouces.

230. — Un magnifique service, fond vert, avec cartel de fleurs et dorure, composé de quatre douzaine d'assiettes, huit compotiers, deux glacières, deux verrières, deux caisses à liqueurs, un grand bol, deux corbeilles et leurs plateaux; en tout soixante-sept pièces d'une parfaite conservation.

231. — Un bol fond bleu, à cartel d'oiseaux et dorure.

232. — Un grand bol fond vert, à cartel de fleurs et or.
Douze pouces de diamètre.

233. — Un bol fond vert, à cartel d'oiseaux et or.

234. — Un petit cabaret fond blanc à bleuets, composé de son plateau, deux tasses et soucoupes, un sucrier et une théière.

235. — Un autre petit cabaret fond rouge, à médaillons paysages; composé de son plateau, d'un sucrier et d'une tasse.

236. — Une écuelle et son plateau, fond bleu turquoise à médaillons de miniatures d'enfans.

237. — Une écuelle, fond rouge à médaillons.

238. — Deux tasses et soucoupes à dessin d'or et bleu.

239. — Une tasse à chocolat, fond bleu à médaillons d'enfans.

240. — Six petits pots à crême, fond bleu turquoise à médaillons de fleurs.

241. — Deux petits pots à manche d'ébène, fond vert à médaillons de fleurs.

242. — Un petit pot au lait, fond vert à miniatures.

243. — Un seau à rafraîchir, fond bleu turquoise, à cartel de miniatures.

PORCELAINE DE SAXE.

244. — Un groupe de figures sur pied en bronze doré.

245. — Un brûle-parfum, forme de vase, entouré d'enfans et de fleurs, en porcelaine de Saxe, monté en bronze doré.

246. — Une théière, fond blanc à miniatures.

PORCELAINE DE CHINE.

247. — Deux figures chinoises.
Hauteur, 20 pouces.

248. — Quatre petites figures chinoises accroupies, jouant avec des chiens.

249. — Une grande figure faisant fontaine.

250. — Deux petites figures chinoises portant des vases.

251. — Deux grands oiseaux de proie, sur pied en bronze doré.

252. — Deux perroquets violets, garnis en bronze doré.

253. — Une chimère bleue, sur socle violet, en porcelaine de Chine, garni en bronze doré

254. — Trois biches, sur socle en bronze doré.

255. — Un gros vase et deux cornets, fond blanc, à dessins de couleur.
Hauteur, 22 pouces.

256. — Un autre vase et deux cornets, fond blanc, à dessins en relief.
Hauteur, 18 pouces.

257. — Deux vases à couvercles, surmontés de chimères; porcelaine de Chine, fond blanc, fleurs et ornemens de couleur.

258. — Deux vases à dessins en relief, avec couvercles surmontés de chimères.
Hauteur, 20 pouces.

259. — Un joli petit vase à fleur, en relief.

260. — Deux vases fond brun, à cartel de fleurs et oiseaux, montés en bronze doré.
Hauteur, 9 pouces.

261. — Deux vases, six pans, fond blanc, avec fleurs et oiseaux coloriés, garnis de bronze doré.

262. — Deux vases avec couvercles, garnis en bronze doré.
Hauteur, 11 pouces 1/2.

263. — Deux vases fond blanc, ornemens bleus, garnis en bronze doré.
Hauteur, 15 pouces.

264. — Un vase fond blanc, à fleurs et animaux coloriés, monté en bronze doré,

265. — Un bol, fond bleu à dessins en or.

266. — Un bol, fond jaune à fleurs de couleur.

267. — Un petit cabaret à miniatures sur fond blanc, composé de six tasses, théière, pot au lait et deux boîtes à thé.

268. — Un sucrier fond bleu, garni en argent doré.

269. — Deux petits seaux à rafraîchir, aux armes de France.

270. — Deux tasses, fond blanc et dessins bleus; les ornemens à jour forment double fond.

271. — Deux jolies tasses en miniature sur fond rouge, avec fleurs en or et bronzées.

272. — Environ quarante tasses et leurs soucoupes en porcelaine, de diverses qualités, seront vendues sous ce numéro.

273. — Une bouteille, montée en forme de buire; en porcelaine de Chine, fond vert, avec Chinois en relief.

274. — Une bouteille de forme carrée, fond blanc à fleurs de couleur, garnie de bronze doré.

275. — Une bouteille, forme coloquinte, fond brun à médaillons blancs, garnie en bronze doré.

276. — Deux bouteilles à longs cols, fond blanc, dessins de couleur et or.

277. — Deux vases à côtes, fond blanc, médaillons bleus.

278. — Une bouteille, fond brun tacheté, sur socle en bronze doré.

279. — Une bouteille, fond rouge, à dessins blancs garnie en bronze doré.

280. — Trois petits vases ancien bleu, montés en bronze doré.

281. — Deux théïères, sur plateau à trois pieds, ancien violet du Japon.

282. — Un seau à rafraîchir, à dessins bleus sur fond blanc, monté en bronze doré.

283. — Deux belles cassolettes, fond rouge à rosaces noires et blanches ; montées sur des trépieds en bronze doré au mat.

284. — Deux vases à anses, fond violet à fleurs coloriées en relief.
Hauteur, 15 pouces.

285. — Deux cassolettes, ancien Céladon, sur trépieds en bronze doré.

286. — Gros vase à côtes, Céladon, garniture ancienne en bronze doré.

287. — Un petit vase Céladon, garni en bronze doré.

288. — Deux petits vases Céladon, garnis de bronze doré.

289. — Trois grands vases, ancien Craquelé, garnis en bronze doré.
Hauteur, 16 pouces.

290. — Un petit vase Craquelé.

VITRAUX ET ÉMAUX.

291. *Vitraux.* Six grands vitraux d'église, représentant différens sujets de la Bible.
Hauteur, 4 pieds 9 pouces, largeur, 2 pieds 4 pouces.

292. — Un autre à sujets ; grisaille.

293. — Deux jolis petits vitraux suisses, avec armoiries.

294. — Quatre vitraux de différentes grandeurs.

295. *Emaux.* Un grand plat oval, émail sur cuivre, de Limoges; sujets et ornemens légèrement teintés.

296. — Un grand plat rond, sujet et arabesques en grisaille.

297. — Une coupe, sujets grisaille, le pied en cuivre.

298. — Une autre coupe, avec son couvercle, sujets grisaille.

299. — Une coupe à six becs, émail de Limoges.

300. — Une très-jolie assiette, arabesques et sujets grisaille teintée.

301. — Une autre assiette, sujets coloriés.

302. — Salières en émail de Limoges; sujets grisaille teintée.

303. — Deux autres salières; sujets grisaille.

304. — Le portrait de Faustine, émail en relief, de Limoges.

305. — Un grand émail de Limoges.

306. — Deux portraits émaux, de Limoges.

307. — Deux émaux de Limoges. Sujets de la Bible; dans des cadres en bois doré.

308. — Deux émaux de Limoges; sujets de la Bible.

309. — Une pendule de bureau, dont le pourtour est enrichi de six émaux de Limoges; sujets coloriés; elle est montée, bronzée, dorée.

310. — Un jeu de damier à trictrac, émail de Limoges; il est monté en bois de fer.

511. — Une boîte de montre, émail sur or; sujets coloriés.

312. — Un médaillon, émail sur cuivre, très-ancien; sujets coloriés.

313. — Une ancienne crosse d'évêque, en cuivre doré, avec émaux coloriés.

314. — Un diptyque grec, en cuivre émaillé.

315. — Un plat émaillé, imitant une mosaïque; ouvrage chinois très-ancien.

316. — Un bol émaillé, même travail que le précédent.

OR ET ARGENT.

317. — Quatre boucles d'oreilles antiques en or, avec pierres fines.

318. — Un hausse-col chinois en or.

319. — Quatre petites divinités égyptiennes en argent.

320. — Un petit Christ en argent, sur croix en cristal.

321. — Un reliquaire en argent.

322. — Une jolie petite statue en argent repoussé, représentant Confucius.

323. — Un ornement de femme chinoise, en filigrane d'argent.

324. — Un étui, forme de gaine, en argent doré et ciselé, surmonté d'un petit buste en ivoire.

BRONZES ANTIQUES.

325. Une divinité égyptienne sur socle en marbre blanc.
Hauteur, 6 pouces.

326. Une autre divinité égyptienne sur socle en marbre blanc.
Hauteur, 13 pouces

327. Un canope à quatre rangées d'hyéroglyphes ; le couvercle est surmonté d'un bouton en argent.

328. Un masque antique.

329. Un petit taureau antique sur socle en marbre blanc.

330. Une très-belle lampe antique à deux becs, et suspendue par trois chaînes.

331. Une anse de vase antique, à tête de bélier et figure.

332. Deux autres anses de vases antiques, dont l'une est formée par une levrette.

333. Cinq bagues antiques avec pierres gravées.

BRONZES ANCIENS ET MODERNES.

334. Statue d'Hercule Farnèse.
Hauteur, 16 pouces.

335. Une jolie petite statue de César, bronze italien.
Hauteur, 10 pouces.

336. Deux petites figures faisant pendants.
Hauteur, 11 pouces.

337. Un petit amour chargé de fruits et de fleurs, sur socle en marbre blanc.

338. Deux statues d'empereurs romains, bronzes italiens, sur socle en bois.
Hauteur, 21 pouces.

339. Environ trente petites figures seront vendues sous ce numéro.

340. Petite statue de Turenne à cheval.

341. Buste de Marc-Aurèle, sur socle en marbre blanc, orné d'un bas-relief doré.

342. Buste de Henri IV, sur socle en cuivre doré.

343. Modèle ancien du buste de Henri IV.
Hauteur, 8 pouces.

344. Deux bustes faisant pendants; Démosthène et Cicéron, sur socle en bois d'acajou.

345. Buste de Sénèque, sur piedouche en marbre blanc.
Hauteur, 22 pouces.

346. Buste de Démosthènes, sur piedouche en bronze.
Hauteur, 24 pouces.

347. Buste de Marie de Médicis, sur socle en serpentine,

348. Une tête mauresque faisant lampe sur piedouche en bronze.

349. Une autre tête faisant lampe.

350. Une levrette sur socle en marbre blanc.

351. Un petit cheval sur socle en bronze.
Hauteur, 7 pouces.

352. Un ours debout, paraît avoir servi anciennement d'enseigne de drapeau.

353. Un bouc, très-beau bronze italien.

354. Un taureau, bronze italien.

355. Une Aiguière.
Hauteur, 12 pouces.

356. Modèle d'encrier gothique.

357. Encrier gothique, le couvercle faisant sonnette.

358. Deux vases, forme Médicis, à anses; ils sont entourés de bas-reliefs.
Hauteur, 11 pouces.

359. Deux petites statues faisant pendants, Voltaire et J.-J. Rousseau.

360. Une espèce de vase sacré avec ornemens gothiques; ouvrage du 15e. siècle.
Hauteur, 11 pouces.

361. Un vase sacré sous la forme du Saint-Esprit; bronze ancien damasquiné en or.
Hauteur, 7 pouces.

362. Sept personnages de la Bible, en cuivre repoussé et doré.

BRONZE CHINOIS.

363. Un magnifique bassin, imitant une feuille de nénuphar; son support en bois de fer travaillé à jour imite la racine de cette plante. Ces deux objets, d'un travail très-fin, sont placés sur une petite table en bois de fer.
Hauteur, 19 pouces; diamètre, 22 pouces 1/2.

364. Un brûle-parfums, représentant une chimère.
Hauteur, 8 pouces.

365. Un très beau brûle-parfums à deux anses, couvercles et pieds, figurant des branches et feuilles de bambou.

366. Un très beau brûle-parfums à deux anses; il est de forme quadrangulaire et à reliefs damasquinés en or avec fleurs en argent sur le couvercle.

367. Un autre brûle-parfums bronze très-fin, sur pied en même bronze.

368. Un très-beau vase forme losange, avec ornemens en relief, sur son socle en bois de fer.
Hauteur, 7 pouces 1/2.

369. Une boîte à thé, forme quadrangulaire, l'extérieur d'un travail à jour bronzé, l'intérieur doré.

370. Un joli petit chinois, dont quelques parties sont damasquinées en or, sur socle en bois de fer travaillé à jour.

371. Deux Chinois faisant pendants, homme et femme.
Hauteur, 8 pouces.

372. Deux cadenas chinois.

MÉDAILLES.

373. Environ trois cents médailles antiques, grecques et romaines, en bronze, or et argent.

374. Environ cent médailles anciennes et modernes.

375. Environ six cents médailles russes.

376. Un grand médaillon du duc de Choiseul, dans un cadre en bronze doré.

BRONZES DORÉS ET PENDULES.

377. Deux petites statues, Sully à genoux aux pieds de Henri IV, sur socle de marbre.

378. Un Christ sur croix en bois noir.
Hauteur, 24 pouces.

379. Un autre Christ sur croix en bois d'ébène.
Hauteur, 2 pieds 1/2.

380. Un bas relief, Jésus-Christ au tombeau.

381. Un bénitier en bronze doré avec bas relief en argent.

382. Un autre bénitier avec bas-relief en argent.

383. Un vase indien, très riche d'ornemens en relief.
Hauteur, 7 pouces.

384. Deux cassolettes en bronze sur trépieds en bronze doré.

385. Deux jolis petits vases, imitation de lapis, montures en bronze doré au mat, sous globes de verre.

386. Deux jolies petites aiguières, imitation de malachite ; montures en bronze doré au mat, sous globes de verre.

387. Un brûle parfums sur trépieds en bronze doré.

388. Un encrier gothique ; le couvercle fait sonnette.

389. Deux paires de candelabres à trois branches, enfans en bronze, ornemens et socles en bronze doré.

390. Une paire de candelabres à deux branches, enfans en bronze, ornemens et socles dorés au mat.

391. Deux paires de candelabres à deux branches et enfans, dorés au mat.

392. Une paire de candelabres, nègres en bronze, montures et branches en cuivre doré.

393. Deux paires de flambeaux de boule, formés par des groupes de figures.
Hauteur, 15 pouces.

394. Quatre paires de flambeaux gothiques de forme triangulaire.
Hauteur, 11 pouces 1/2.

395. Deux paires de flambeaux anciens.
Hauteur, 11 pouces.

396. Deux paires de flambeaux du temps de Louis XIV.
Hauteur, 10 pouces.

397. Quatre paires de petits flambeaux à dauphins.
Hauteur, 7 pouces.

398. Un flambeau à trois bobèches et à tirage.

399. Une paire de bras de cheminée à deux branches.

400. Une lanterne à deux becs avec fleurs en porcelaine de Saxe.
Hauteur, 11 pouces.

401. Une jolie lanterne de forme cylindrique, surmontée d'une espèce de coupole, avec pilastres et ornemens ciselés à jour; elle est enrichie d'émaux. Ouvrage du 15e. siècle.
Hauteur, 9 pouces.

402. Deux petits feux, de Boule.
Hauteur, 11 pouces 1/2.

403. Deux sphinx sur socles en marbre, faisant serre-papiers.

404. Un petit serre-papiers, enfant jouant avec un mouton, sur socle en griotte.

405. Deux serrures provenant du château de Versailles.

406. Plusieurs ornemens de meubles, ciselés et dorés.

407. Une pendule avec lion et fleurs en bronze doré, sous globe de verre.
Hauteur, 18 pouces; largeur, 18 pouces.

408. Une pendule à éléphant en bronze, garniture en cuivre doré.
Hauteur, 18 pouces; largeur, 13 pouces.

409. Une pendule à mouvement, de Lepaute, garnie de deux grandes figures en terre cuite, sur socle en marbre noir.
Hauteur, 25 pouces; largeur, 19 pouces.

410. Une pendule de boule, écaille noire, garnie en bronze dore.
Hauteur, 28 pouces.

411. Un grand cartel à tirage, garni en bronze doré.
Hauteur, 2 pieds; largeur, 8 pouces.

412. Une horloge dont le cadran est en lapis.

413. Une petite horloge ancienne, de forme cylindrique, mouvement à jour; sur pied en cuivre doré.

414. Trois grosses montres anciennes, en cuivre doré.

MEUBLES EN BOIS SCULPTÉ, MARQUETERIE DE BOULE ET AUTRES.

415. Une très-belle table en porphyre rouge oriental, sur pieds en bois de rose, garnie de bronze doré.
Largeur, 2 pieds 5 pouces; longueur, 20 pouces.

416, Une très-jolie table dont le dessus est en albâtre oriental, sur pieds en ébène, enrichie de plaques en émail bleu imitant le lapis, la garniture en bronze ciselé et doré.

417. Une table de 120 échantillons de marbre, sur pied en acajou.

418. Une table dont le pied est formé par deux X en bronze, avec tête de bélier en cuivre doré au mat, dessus en marbre noir.
Hauteur, 2 pieds 8 pouces; largeur, 3 pieds 1/2; longueur, 19 pouces.

419. Une petite table forme de guéridon, a deux tablettes, dessus de marbre, garnie en cuivre doré.

420. Une petite table guéridon, le dessus en marqueterie d'ivoire; forme damier.

421. Une petite table ovale, en bois de racine, garnie en cuivre doré.

422. Une très-belle commode en marqueterie de bois, par Rossèner, les ornemens en bronze ciselé, doré au mat, par Goutières.
Hauteur, 2 pieds 9 pouces; largeur, 4 pieds.

423. Un secrétaire en bois de rose, garni en bronze doré.

424. Un petit secrétaire à la Reine, en bois de rose, garni de cuivre doré.

425. Un petit meuble en marqueterie, de bois de rose.

426. Un grand meuble à tiroirs et à trois vantaux en acajou et marqueterie de bois, garni en bronze doré, dessus de marbre noir.
Hauteur, 2 pieds 8 pouces; largeur, 5 pieds.

427. Une très-grande armoire à deux vantaux, placage de bois d'amaranthe, enrichie d'ornemens en cuivre ciselé.
Hauteur, 8 pieds 1/2; largeur, 4 pieds 1/2.

428. Une armoire à deux vantaux avec grillage, placage en bois de rose, et garnie en bronze doré.
Hauteur, 4 pieds 3 pouces; largeur, 4 pieds 3 p.

429. Une autre armoire à deux vantaux, avec grillage, placage en bois de rose, garnie en bronze doré.
Hauteur, 4 pieds; largeur, 3 pieds 8 pouces.

430. Une console en bois satiné, par Ressèner, garnie en bronze doré, dessus en marbre blanc.
Hauteur, 2 pieds 8 pouces; largeur, 3 pieds 11 p.

431. Un beau bureau à quatre côtés, en marqueterie de boule, écaille noire, pieds à X, dessus en basane verte.
Longueur, 4 pieds; largeur, 2 pieds 2 pouces.

432. Un autre bureau en marqueterie de boule, écaille rouge, le dessus marqueté en plein, pieds à X.
Longueur, 3 pieds 10 pouces; largeur, 2 pieds 1 p.

433. Une commode en marqueterie de boule, écaille rouge, garnie en bronze, dessus en marbre vert de mer.
Hauteur, 2 pieds 7 pouces; longueur, 3 pieds.

434. Un meuble en marqueterie de bois, à deux vantaux en ébène marqueté d'étain et garni de bronze doré, dessus de marbre blanc.
Hauteur, 2 pieds 9 pouces; longueur, 5 pieds 3 p.

435. Une commode en bois noir, incrustée de filets de cuivre, et garnie en bronze ciselé, dessus de marbre.
Hauteur, 2 pieds 7 pouces; largeur, 3 pieds 6 p.

436. Un petit meuble à deux vantaux, plaqué en ébène et garni en bronze doré, le dessus en marbre noir.

437. Un cabinet en écaille rouge et ivoire, à seize tiroirs. Ce meuble est soutenu sur six colonnes.
Hauteur, 5 pieds; largeur, 3 pieds [illegible] pouces.

438. Un grand meuble en ébène, à quatre vantaux, sculpté en relief.
Hauteur, 6 pieds; largeur, 4 pieds.

439. Deux petites armoires en ébène, dont les portes sont sculptées en relief, avec colonnes torses sur les côtés; dessus en marbre.
Hauteur, 3 pieds 6 pouces; largeur, 3 pieds 1 p.

440. Un meuble à quatre vantaux en bois noir, orné de sculptures par Jean Gougeon, et incrustation en marbre.
Hauteur, 5 pieds 3 pouces; largeur, 3 pieds.

441. Un meuble à quatre vantaux et deux tiroirs en bois sculpté.
Hauteur, 5 pieds 6 pouces; largeur, 3 pieds 6 p.

442. Un meuble en bois sculpté, avec bas-reliefs du 15e siècle.
Hauteur, 4 pieds 6 pouces; largeur 3 pieds 11 p.

443. Un meuble à quatre vantaux, avec bas-reliefs et incrustations de marbre.
Hauteur, 6 pieds; largeur, 3 pieds.

445. Un meuble en bois sculpté, à cariatides sur les côtés, bas-reliefs d'empereur romains sur les quatre vantaux, le haut du meuble surmonté d'un fronton sculpté.
Hauteur, 6 pieds; largeur, 4 pieds 4 pouces.

446. Un petit meuble à deux vantaux et tiroirs en bois de noyer; les angles sont ornés de douze petites statues, et la corniche de dix têtes sculptées en relief.
Hauteur, 2 pieds 7 pouces; largeur, 2 pieds 6 p.

446. Un secrétaire en laque, fond noir et or, garni en bronze doré, dessus en marbre blanc.
Hauteur, 3 pieds 3 pouces; largeur, 2 pieds 8 p.

147. Une commode en laque fond noir, garnie en bronze doré, le dessus en mosaïque imitant des fruits,
Hauteur, 2 pieds 7 pouces; largeur, 3 pieds.

448. un grand cabinet en laque noir, or en relief; il est à tiroirs et à deux vantaux.

449. Un grand paravent à douze feuilles, en laque Coromandel.

450. Deux grandes cages vitrées, sur leurs socles en bois d'acajou.

451. Plusieurs montres vitrées, en acajou, seront vendues sous ce numéro.

ARMES ET FER DAMASQUINÉ.

452. *Armes.* Une hallebarde en fer.

553. — Une masse d'arme avec ornement en cuivre doré et ciselé; le manche, en bois marqueté, renferme une épée et un petit pistolet à rouet.

454. — Une hache de sauvage.

455. — Une épée dont la poignée, damasquinée en or, a la garde formée par une salamandre.

456. — Une épée à gros pommeau, damasquinée en or, et à fleurs-de-lis sur la garde.

447. — Un grand sabre allemand, à poignée en ivoire.

458. — Un yatagan; la poignée est en argent, avec ornement gravé; le fourreau en cuir.

469. — Un poignard persan.

460. — Un poignard malais, garni en argent.

461. — Un poignard dont le manche, en corne de rhinocéros, est garni en argent.

462. — Un poiguard, manche en corne de rhinocéros, fourreau en bois de fer, garni en argent.

463. — Un autre poignard; le fourreau en chagrin vert est garni en argent.

464. — Un poignard de miséricorde; le fourreau en fer.

465. — Un couteau à large lame damasquinée.

466. — Un couteau à large lame, le manche jaspe sanguin.

467. — Un couteau dont la lame est en damas et le manche en fer damasquiné.

468. — Canon de fusil dont les ornemens sont ciselés en relief.

469. — Un fusil à rouet, dont la crosse est sculptée.

470. — Un fusil à rouet; la monture est incrustée d'ornemens en nacre et en ivoire.

471. — Un fusil dont le canon est en fer de Damas, à rubans.

472. — Une paire de pistolets turcs, garnis en argent.

473. — Une paire de pistolets, canons en fer de Damas, damasquinés en or, garnis en argent.

474. — Un petit canon en cuivre, sur son affût en cuivre doré.

475. — Trois petites pièces d'artillerie en bronze, sur leurs affûts en bois.

476. — Une couleuvrine en bronze, sur son affût en bois.

477. — Une cotte de mailles en fer damasquiné.

478. — Un casque à visière, damasquiné.

479. — Un autre casque, avec ornemens gravés.

480. — Un casque turc, damasquiné.

481. — Une paire d'étriers en cuivre ciselé et doré.

482. — Une poignée d'épée à figures en relief, et damasquinée en or.

483. *Fer damasquiné.* Quatre plaques en fer repoussé et damasquiné en or et en argent, représentant l'intérieur d'un temple, avec petits personnages.

485. — Une espèce d'écusson en fer, chargé d'ornemens damasquinés en or et en argent.

485. — Une petite boîte forme de livre, en fer damasquiné, avec miniatures à l'intérieur.

486. — Une boule à brûler des parfums, en fer damasquiné, avec ornemens à jour.

487. — Deux serrures gothiques en fer ciselé.

488. — Deux feux en fer, ciselés du temps de Henri II.

489. — Trois coffres en fer.

489 *bis*. — Un coffre dont le dessus et les côtés sont des bas-reliefs représentant des sujets de la Bible, et garnis en bronze doré.

OBJETS DIVERS.

490. Environ cent pierres gravées, camées, etc.

491. Un coffre-fort garni en cuivre.

492. Un coffre fort en laque, garni de cuivre doré.

493. Un écritoire en ébène garni de bronze doré.

494. Un coffre à pharmacie, recouvert en velours rouge et garni en cuivre doré.

495. Un grand coffre avec miniatures.

496. Un coffre à huit côtés, en marqueterie de bois.

497. Un petit médailler en ébène avec ornement repoussé en argent.

498. Un autre petit médailler en ébène, partie recouvert en velours rouge, et garni en cuivre doré.

499. Un petit nécessaire recouvert en chagrin vert.

500. Un petit nécessaire en argent.

501. Un nécessaire chinois avec couteau.

502. Un joli petit nécessaire, dont les six pièces intérieures sont damasquinées; ouvrage du 15e. siècle.

503. Un encrier en marqueterie d'étain.

504. Un jeu de dames en écaille avec incrustation en or.

505. Un étui en coulé sur écaille.

506. Une tabatière en écaille; sur le couvercle est une natte faite avec des cheveux de la reine Marie-Antoinette. Cette natte est entourée d'une guirlande de fleurs peintes par Vanspandonck.

507. Une tabatière en écaille; sur le couvercle est un médaillon de fleurs peintes par Vanspandonck.

508. Un des souliers du sacre de Louis XIV, en soie, brodé en argent; sur le tour du haut talon est représenté un combat peint par Van-Dermeulen.

509. Une pastille chinoise sculptée.

510. Un costume chinois en crêpe de Chine, bleu.

511. Un hamac à filets bleu et blanc.

512. Quatre grandes tapisseries pour tentures.

513. Un biscuit de Sèvres, la marchande d'amours, sous globe de verre.

514. Environ quatre paires de colonnes, en stuc imitant différens marbres.

515. Cinq petits modèles d'architecture en plâtre.

516. Trois petits modèles en cire, des lits de Louis XVI, de Marie-Antoinette et du dauphin.

517. Deux flûtes en ébène.

518. Un cadran solaire, avec loupe et canon en cuivre.

519. Environ huit paires de flambeaux argentés.

520. Environ trente paires de flambeaux plaqués.

521. Quatre paires de boules plaqués.

522. Douze plateaux en tôle vernie.

523. Sept jolis Chinois à têtes et mains mobiles, en pâte coloriée.

524. Sous ce numéro seront vendus les objets omis au catalogue.

MANUSCRITS.

525. Un grand manuscrit avec vignettes, et quatorze miniatures sur vélin, du 15e. siècle.

526. Un petit manuscrit très-fin, avec miniatures, du 15e. siècle.

527. Sept manuscrits anciens, avec et sans miniatures, seront vendus sous ce numéro.

MINIATURES.

528. Treize miniatures sur vélin, à sujets de sainteté, provenant d'anciens manuscrits.

529. Deux grandes miniatures-portraits.

530. Quatre miniatures chinoises peintes sur verre.

531. Un diptyque grec à quatre vantaux, avec miniatures, garni en argent.

532. Environ trente miniatures seront vendues sous ce numéro.

TABLEAUX.

533. Portrait en pied de Henri IV, grandeur naturelle, bordure en bois doré à fleurs de lis.

Hauteur, 6 pieds 10 pouces; largeur, 4 pieds 4 pouces. Toile.

534. Grand tableau de marine, bordure en bois doré.

Hauteur, 6 pieds; largeur, 7 pieds 8 pouces. T.

535. Paysage, par Both et Beandwins.

Hauteur, 4 pieds; largeur, 5 pieds 6 pouces. T.

536. Intérieur d'église.

Hauteur, 3 pieds 4 pouces; largeur, 2 pieds 5 pouces. T.

337. Portraits de Gaston et de Marguerite de Lorraine, cadre doré.

Hauteur, 2 pieds; largeur, 3 pieds 2 pouces. T.

538. Portraits de Louis XIII cuirassé, cadre doré.

Hauteur, 4 pieds 8 pouces; largeur, 3 pieds 8 pouces. T.

539. Portrait de Louis XIV, cuirassé, peint par Mignard, cadre doré.

Hauteur, 4 pids 6 pouces; largeur, 3 pieds 7 pouces. T.

540. Portrait de Louis XV, jeune, cadre ancien.

Hauteur, 3 pieds 3 pouces; largeur, 2 pieds 9 pouces. T.

541. Les portraits de Louis XVI et de Marie-Antoinette, par Calais, toiles ovales, cadres carrés, en bois doré.
Hauteur, 3 pieds 1 pouce; largeur, 2 pieds 8 pouces.

542. Portrait de madame de Maintenon, par Mignard, cadre doré.
Hauteur, 2 pieds 6 pouces; largeur, 23 pouces. T.

543. Portrait de madame de Montespan, cadre ancien.
Hauteur, 2 pieds 8 pouces; largeur, 2 pieds. T.

544. Portrait du Grand Condé, cuirassé.
Hauteur, 4 pieds 3 pouces; largeur, 3 pieds 3 pouces. T.

545. Vue du siége de Lille, par Van-Dermeulen.
Hauteur, 3 pieds 4 pouces; largeur, 4 pieds 6 pouces. T.

546. La Sainte Famille, dans un cadre ancien.
Hauteur, 2 pieds 11 pouces; largeur, 3 pieds 3 pouces. T.

547. Portrait de Louis XIV. à cheval, par Martin.
Hauteur, 3 pieds 2 pouces; largeur, 2 pieds 8 pouces. T.

548. Un portrait d'homme hollandais, encadré.
Hauteur, 3 pieds; largeur, 2 pieds 7 pouces. Bois.

549. Un tableau ancien, la Vierge et l'enfant Jésus, sur fond doré, cadre à colonne, le haut cintré.
Hauteur, 3 pieds; largeur, 1 pied 9 pouces. B.

550. Judith tenant la tête d'Holopherne d'une main, et une épée de l'autre, tableau très-ancien.
Hauteur, 3 pieds; largeur, 2 pieds. B.

551. Portrait de Quinault, encadré.
Hauteur, 2 pieds 10 pouces; largeur, 2 pieds 3 pouces. T.

552. Un portrait en pied de Henri II, peint par Porbus, encadré.
Hauteur, 2 pieds 1 pouce, largeur, 1 pied 6 pouces. B.

553. Une famille hollandaise, dans un ancien cadre.
Hauteur, 2 pieds; largeur, 2 pieds 1 pouce. T.

554. Portrait de madame de La Vallière, encadré.
Hauteur, 1 pied 11 pouces; largeur, 1 pied 9 pouces. T.

555. Trois tableaux anciens peints sur bois.
Hauteur, 2 pieds 8 pouces; largeur, 1 pied 1 pouce.

556. Portrait d'un magistrat hollandais, encadré.
Hauteur, 2 pieds; largeur, 1 pied 9 pouces. B.

557. Un fumeur hollandais, encadré.
Hauteur, 1 pied 5 pouces; largeur, 1 pied 2 pouces. B.

558. Portrait de femme inconnue, encadré.
Hauteur, 16 pouces; largeur. 14 pouces.

359. Deux tableaux. Portraits anciens; l'un de Jeanne Seymour et l'autre d'Anne de Boulen, encadrés.
Hauteur, 15 pouces; largeur, 13 pouces. B.

560. Un paysage, encadré.
Hauteur, 14 pouces, largeur, 14 pouces. B.

561. Deux autres faisant pendants, encadrés.
Hauteur, 11 pouces; largeur, 13 pouces.

562. Autre paysage, encadré.
Hauteur, 2 pieds 9 pouces; largeur, 4 pieds 3 pouces. B.

563. Une descente de croix; tableau ancien, dont une partie du fond est dorée, encadré.
Hauteur, 3 pieds 8 pouces; largeur, 2 pieds 8 pouces. B.

564. Portrait d'Elisabeth d'Angleterre, encadré.
Hauteur, 2 pieds 9 pouces; largeur, 2 pieds 4 pouces. T.

565. Portrait de Marie Stuart, faisant pendant au précédent. Encadré.
Hauteur, 2 pieds 9 pouces; largeur, 2 pieds 4 pouces. T.

566. Le vœu de Louis XIII à la Vierge, esquisse.
Hauteur, 2 pieds 8 pouces; largeur, 2 pieds 5 pouces. T.

567. Portrait de Marie Touchet, encadré
Hauteur, 2 pieds 6 pouces; largeur, 22 pouces. T.

568. Un portrait; tableau ancien, encadré
Hauteur, 2 pieds 3 pouces; largeur, 2 pieds. T.

569. Deux tableaux en pendans.
Hauteur, 3 pieds 5 pouces; largeur, 2 pieds 8 pouces. T.

570. Paysage, avec figures, par Hue; dans un cadre doré.
Hauteur, 2 pieds 4 pouces; largeur, 3 pieds 2 pouces. T.

571. Un ancien portrait, encadré.
Hauteur, 2 pieds; largeur, pieds. T.

572. Portrait de La Fontaine, encadré.
Hauteur, 2 pieds 6 pouces; largeur, 1 pied 10 pouces. T.

573. Portrait de Madame de Lude, en Magdeleine.
Hauteur, 2 pieds 3 pouces; largeur, 1 pied 10 pouces. T.

574. Deux portraits, faisant pendans; Madame de Grignon et Madame de Sévigné.
Hauteur, 20 pouces; largeur, 18 pouces. T.

575. Deux tableaux, faisant pendans, représentant des sujets tirés des contes de La Fontaine, peints par Lancrye, encadrés.
Hauteur, 2 pieds; largeur, 1 pied 9 pouces.

576. Paysage hollandais, encadré.
Hauteur, 12 pouces; largeur, 16 pouces. B.

577. La Vierge et l'enfant Jésus, encadré.
Hauteur, 16 pouces; largeur, 12 pouces. T.

378. Portrait de Madame de la Fayette, encadré.
Hauteur, 2 pieds 6 pouces; largeur, 2 pieds 1 pouce. T.

579. Deux portraits inconnus.
Hauteur, 13 pouces; largeur, 10 pouces. B.

580. Portrait du président Séguier.
Hauteur, 15 pouces; largeur, 15 pouces.

581. Tableau très-ancien; sujet de sainteté, avec fond doré.
Hauteur, 13 pouces; largeur, 2 pieds 6 pouces.

582. Cinq portraits de femmes célèbres du règne de Louis XIV, encadrés.
Hauteur, 19 pouces; largeur, 15 pouces. T.

583. Portrait d'homme inconnu, avec cadre ancien.
Hauteur, 20 pouces; largeur, 16 pouces. T.

584. Portrait ancien d'homme inconnu.
Hauteur, 19 pouces; largeur, 13 pouces. B.

585. Tableau ancien; sujet de sainteté, encadré.
Hauteur, 13 pouces; largeur, 18 pouces. B.

586. Intérieur de couvent, encadré.
Hauteur, 19 pouces; largeur, 17 pouces. B.

587. Portrait de femme inconnue.
Hauteur, 19 pouces; largeur, 14 pouces. T.

588. Paysage encadré.
Hauteur, 16 pouces; largeur, 19 pouces. T.

589. Peinture chinoise, sur glace; une femme d'après Boucher.
Hauteur, 15 pouces; largeur, 11 pouces.

590. Dessin chinois. Deux dames jouant aux échecs.
Hauteur, 15 pouces; largeur, 13 pouces.

591. Deux dessins chinois encadrés.
Hauteur, 16 pouces; largeur, 11 pouces.

592. Les tableaux omis au Catalogue seront vendus sous ce numéro.

DE L'IMPRIMERIE D'AUGUSTE BARTHELEMY,
RUE DES GRANDS-AUGUSTINS, N° 10.

www.ingramcontent.com/pod-product-compliance
Ingram Content Group UK Ltd.
Pitfield, Milton Keynes, MK11 3LW, UK
UKHW022143170726
13837UKWH00004B/1738

9 782329 077055